AF238007

Ludwig von Ficker

HIJOS DEL PECADO

Traducción de Roberto Vivero

Ápeiron Ediciones

2025

NOTA DEL TRADUCTOR

Esta publicación cuenta con la autorización
del Forschungsinstitut Brenner-Archiv.

Quiero expresar mi más especial agradecimiento al señor Markus Ender, autor, por cierto, de un artículo imprescindible para el conocimiento del teatro de Ludwig von Ficker: «Vom Naturalismus zur Nervenkunst. Bemerkungen zur frühen literarischen Produktion Ludwig von Fickers», *Austriaca. Cahiers universitaires d´information sur l´Autriche*, n.º 86 (*Le naturalismus en Autriche*), 2018, pp. 167–184.

Ludwig von Ficker

HIJOS DEL PECADO

Drama en dos actos

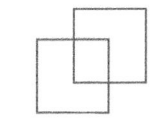

MÁSCARAS

1.ª edición, 2025

Ludwig von FICKER, *Sündenkinder. Drama in zwei Aufzügen*, Österreichische Verlagsanstalt, Linz y Leipzig, 1900

© De la traducción, Roberto Vivero
© Ápeiron Ediciones

C/ Príncipe de Vergara, n.º 132, planta 9
28002 Madrid
Tfno.: (+34) 611 00 28 41
E-mail: info@apeironediciones.com
http://www.apeironediciones.com/

Diseño y maquetación: Ápeiron Ediciones
Imagen de contracubierta: Jean-Jacques Henner, *Magdalena penitente* (ca. 1881). Fuente: Wikimedia Commons

Papel procedente de fuentes responsables

ISBN: 979-13-990747-0-3
Depósito legal: M-17553-2025

A mi querido amigo y colega

Karl Spitzweg

Ludwig v. Ficker.

Personajes

ANDREAS DORNER, secretario de actas jubilado
PHILIPP, el hijo de su hermana, *cand. jur.*
FELIX WARTENBERG
MARGRETH, una bordadora
DÖBERL, bedel de la universidad

La acción se desarrolla en una ciudad universidad

Tiempo: el presente

ACTO PRIMERO

Sala de estar de un secretario de actas. Apenas amueblada y decorada. Paredes claras, sin tapizar. En la mitad izquierda de la pared del fondo, un hueco con una ventana desde la que se ve el patio iluminado por el sol y la parte trasera de la imponente casa principal. Ahí se encuentra una mesa de trabajo con bastidores de bordado. Junto al ventanal, en el centro de la pared larga de la habitación, un aparador sin adornos y sin pulir. A la derecha de este, en la pared del fondo, la puerta que da al pasillo que conduce al patio. En la pared de la derecha, un anticuado canapé de cuero; enfrente, una mesa sencilla sobre la que hay documentos, tinta y pluma. Junto al sofá, una puerta conduce al dormitorio del tío y el sobrino. En la pared de enfrente, dos puertas, de las cuales la que está más atrás da a la cocina y la que está más adelante, al cuarto de Margreth. En la mitad izquierda de la sala, la mesa para comer y tres sillas. Junto a la puerta de entrada, a la derecha, un perchero; a la izquierda, una silla.

Derecha e izquierda del espectador.

ESCENA PRIMERA

ANDREAS DORNER está sentado en el canapé mientras fuma en una larga pipa. Hombre de 67 años, enjuto y de aspecto anciano. Su mirada está un poco velada. Tiene una pluma en la oreja mientras con otra escribe en un membrete que está sobre la mesa. MARGRETH está sentada en el hueco y trabaja con un bastidor. Joven de 21 años, alta, de rostro demacrado pero hermoso y expresivo enmarcado por cabello oscuro. Su manera de hablar es tranquila y afectuosa. Está vestida de manera muy sencilla pero favorecedora.

DORNER *(murmurando mientras escribe)*.—… y por este motivo, y en atención a mis largos años de leal servicio a esta venerable universidad… ¡Eh, Margarethl!

MARGRETH *(sin levantar la mirada de su trabajo)*.—¿Qué pasa?

DORNER.—¡Pero bueno, levanta un momento tu negra cabecita del trabajo!… ¡Así, muy bien! ¡Escucha! ¿Se puede decir «por este motivo, y en atención a mis largos años de leal servicio»? ¿No suena un poco anticuado y de mal gusto?

MARGRETH *(sonriendo)*.—Pero, querido tío, en tu calidad de actuario de la universidad recién jubilado, eso tienes que saberlo tú mejor que nadie.

DORNER.—¡Sí, sí, eso es cierto, sí que lo es!… Pero ¿sabes?, me suena un poco pretencioso. Quizá alguien que lea «de leal servicio a esta venerable universidad» pueda pensar que soy un meritísimo catedrático a punto de jubilarse. Pero solo he sido un ínfimo actuario.

MARGRETH.—Pero como tal has ocupado tu plaza igual que el catedrático la suya.

DORNER.—¡Eres una encantadora gatita aduladora! *(Fumando placenteramente.)* Sí, sí, pero también es cierto que siempre he sido leal y honesto… hasta que por culpa de mis ojos me mandaron a freír espárragos. *(Fuma y mira fijamente al frente.)* Por culpa de mis ojos… *(Murmura, sumido en sus pensamientos.)* ¡O eso es lo que dijeron! *(De repente colérico, transformado, lleno de pasión.)* Pero una cosa te digo: alguien me ha dado el puntapié… y sé quién ha sido… Y es una infamia tratar así a un anciano…

MARGRETH.—¡Tranquilo, tío, no te alteres!

DORNER *(tranquilizándose).*—¡Sí, tienes razón, hija, tienes razón! *(Le da unas fuertes bocanadas a la pipa y vuelve a inclinarse sobre el papel.)* Y todavía hay que dar gracias de que a uno lo hayan echado a patadas. *(Repasa lo que ha escrito.)* … leal servicio, *(escribiendo)* de ahí que le solicite, Excelentísimo Señor Rector Magnífico… *(refunfuñando)* viejo canalla… que mantenga para conmigo una actitud similar. Atentamente, Andreas Dorner, actuario retirado. *(Deja la pluma sobre la mesa.)* ¡Punto! ¡Final! Bien… *(Se recuesta, fumando, en el sofá. Un momento de silencio.)* ¿Sabes, Margrethl? Es una auténtica desgracia para nosotros.

MARGRETH.—¿Qué, tío?

DORNER.—Mi cese. Eran unos buenos ingresos. Lipperl y yo no teníamos mucho más. Y lo que mi hermana, que Dios la tenga en su gloria, había dejado para la educación de su hijo, ya se ha gastado en los estudios. Es una verdadera cruz cuando te has partido el lomo toda la vida y…

MARGRETH.—¡Tranquilízate, tío! Seguro que Philipp aprueba el examen, y en cuanto tenga ingresos, no dudes de que te preparará una vida libre de preocupaciones y sabrá corresponder a todo el amor que con tanta generosidad le has dado.

DORNER.—Gracias, Gretherl. Siempre encuentras las palabras adecuadas. Sí, es cierto, quiero mucho a Lipperl. Es el único recuerdo de mi desdichada hermana. Dios mío, la pobre lo pasó mal durante toda la vida. Y cuando un diminuto destello de felicidad cayó en su monótona vida, cuando encuentró el amor, cuando fue feliz por primera y última vez en su vida, se vio que solo era eso, un fugaz destello. Murió durante el parto del pequeño. «Andreas», me dijo, «cuida de él, aunque sea un hijo del pecado»... Y cuando yacía muerta ante mí, levanté al niño en el aire y lo observé. «No», pensé, «estos no son hijos del pecado, con una mancha de nacimiento; hijos del pecado son los que tienen una mancha indeleble en su honor». Eso pienso. ¡Punto final!

MARGRETH *(que había reflexionado en silencio mientras hablaba su tío, dice aparte).*—Una mancha en el honor... *(En voz alta.)* ¡No me lo tomes a mal, tío! Pero tu pobre hermana...

DORNER *(la interrumpe).*—¡No sigas, Margreth! Sé lo que vas a decir. Pero es completamente diferente. Por eso he dicho «una mancha indeleble», una mancha de la que uno es culpable pero ya no se tiene la fuerza moral para limpiarla. Eso es algo muy diferente a cuando una persona siente un amor santo y bendito que después es profanado. Alguien así ha creído demasiado en la lealtad de los hombres y hay que lamentar su destino, no condenarlo. Mi hermana fue, para su desgracia, un alma crédula. Y puedes creer, Margreth, que si hubiese seguido con vida, se habría matado a trabajar por su hijo y, así, habría expiado lo que otro cometió en ella. Se lo he dicho mil veces a Lipperl y sé qué piensa sobre su madre. *(Durante las anteriores frases ha gesticulado enérgicamente y ahora, cansado, se reclina.)* Bueno… Y durante este triste capítulo se me ha apagado la pipa. *(La cuelga en un clavo encima del canapé.)* ¿Me has calentado el café, Margrethl?

MARGRETH *(levanta la mirada).*—Sí, tío, te lo traiga enseguida. *(Va a la cocina.)*

DORNER *(va al hueco de la pared y observa el bordado).*—¡Mira tú, esta Gretherl! ¡Muy bien, sí señor! Philipp y ella harán una buena pareja. Si los dos ganan dinero…

MARGRETH *viene de la cocina con una taza de café y con un panecillo.*

DORNER.—¡Ah, Margreth, muchas gracias, muchas gracias! Déjalo todo en la mesa.

MARGRETH *(lo hace y regresa a su trabajo).*—¡Cuidado no te vayas a quemar!

DORNER.—No te preocupes, hija… Oye, Gretherl, has vuelto a hacer algo realmente fino y hermoso. ¡Qué bien lo haces, tiene muchísimo mérito! No me extraña que tus bordados sean los mejor pagados, de verdad que no me extraña. *(Va a la mesa en la que está el café.)*

MARGRETH.—Sí, y buena falta que hace, cuando tantas…

DORNER *(echa el pan en el café).*—Por desgracia, por desgracia… Pero, dime, ¿qué clase de colcha es esa? *(Coge una cuchara del cajón de la mesa y empieza a comer.)*

MARGRETH *(riendo).*—¡Pero, tío, esto no es una colcha!

DORNER.—Bueno, ¿y qué es?

MARGRETH.—Solo una bolista para el tabaco. *(Vuelve a reírse.)*

DORNER.—¿Cómo? ¿Una bolsita…? Creo que mis ojos están un poco despistados… Por cierto, las cosas que hay que ver hoy en día: ¡una industria de bolsitas para tabaco bordadas! Muy rentable no puede ser.

MARGRETH *(divertida).*—¿Pero qué ideas se te ocurren, tío! Es para Philipp.

DORNER.—¡Vaya, bonita! ¿Entonces no es para llevar a la tienda?

MARGRETH.—Claro que no. Quiero dársela como un regalo sorpresa mañana, después del examen.

DORNER.—¿Sabes qué he pensado muchas veces? Que es una pena que su madre ya no pueda ver qué maravillosa mujer va a tener. *(Temblando.)* Solo tengo miedo de una cosa, que es muy estrecho de pecho. Creo que sus pulmones no funcionan al ritmo adecuado. *(Con voz temblorosa.)* Dios mío, si aún tuviese que sufrir ese golpe… Gretherl… Aún ese golpe… ¡No sé qué sería de nosotros! *(Apoya la cabeza en las manos y, apesadumbrado, mira fijamente al frente.)*

MARGRETH.—¡No te alteres, tío! Creo que últimamente ha estado esforzándose muchísimo con los estudios. ¡Pero mírame! ¿Estaría tan tranquila si fuese de otra manera? ¡Señor, Señor! Claro que podría ser otra cosa… No, no, eso es imposible, lo quiero tanto, tanto… *(Mira fijamente al frente.)*

DORNER *(vehemente).*—Y él también a ti, Gretherl, puedes creerme.

MARGRETH.—Si pienso que me deja, que me…

DORNER *(atento)*.—¡No digas eso! ¿Por qué habría de dejarte?

MARGRETH *(con fervor)*.—Si su amor y su fe flaquean.

DORNER.—Mi pequeña Lipperl, ¿y que dejes de gustarle? ¿Qué ideas son esas? ¡Por su sagrada convicción! Me ha dicho mil veces cuánto te quiere, que eres su única felicidad y que sin ti no puede vivir. Y me puedes creer que dichas por él no son frases hechas, como suele ser el caso de algunos hombres. Es demasiado honrado y honesto para eso. ¡Un muchacho excelente! No dejaré que le pase nada, nada en absoluto. «Mira, tío», me dijo cuando me confesó que quería que fueses su mujer, «es hija de gente honesta, nadie puede decir nada malo de ella. Porque Margreth no me miente. De eso estoy seguro, tío». Y yo le pregunté: «¿Y de qué vais a vivir, del aire?». Él se rio. «¡Exacto, tío! No, en serio. Un tesoro tan fabuloso hay que ganárselo, por eso estoy estudiando ahora con tanto ahínco, para llegar cuanto antes a la meta. Y cuando consiga un trabajo después del examen, trabajaré el doble, para mi Margreth y para ti». Yo le respondí, mientras estrechaba su mano: «Si es así, si es así... ¡os doy mi bendición! ¡Punto final!». *(Termina de beber el café.)* Y puedo asegurarte, Gretherl, que fue una suerte para nosotros que hace dos años alquilaras esa habitación.

MARGRETH *(emocionada)*.—¡Una suerte para mí, únicamente para mí! Sola en el mundo, completamente sola, encontré a vuestro lado mi segundo hogar.

DORNER *(se pone de pie)*.—¡Bueno, bueno! Las cosas en tu segundo hogar no son tan bonitas como las pintas. Tienes mucho trabajo con nosotros. Atender la casa, cocinar y todo lo demás. Y además ganas dinero con el bordado. Puedes decir lo que quieras... Tú eres nuestro ángel de la suerte, tú y solo tú. *(Va de la mesa al canapé.)* Bueno... ¿Qué hora es? *(Mira el reloj.)* Ya las seis y veinticinco. Philipp no tardará en llegar. Tú espera, Margreth. Yo voy a llevar esta carta a Correos y luego haré un par de gestiones... ¡Que Dios te proteja mientras tanto! ¡Ah, maldita sea, aún no he escrito la dirección! *(Se sienta en el canapé y escribe.)* Al Ilustrísimo Señor Theodor Wartenberg...

MARGRETH *(se detiene).*—¿Pero a quién le has escrito? *(Mira fijamente a Dorner.)*

DORNER *(tranquilo).*—Bueno, a ti puedo decírtelo: al nuevo *Rector magnificus*, al viejo animal que me dio la patada. *(Habla mientras termina de escribir la dirección.)* ¡Ja, ja, ja! ¡Y puedo imaginarme por qué! Hace unos 35 años, a este Wartenberg –que es hijo de un tornero local– y a mí nos gustaba la misma chica. Él era bastante rico y yo, pobre. Así que se la quedó él. Y como suele pasar, al casarse, el angelito se convirtió en una arpía. Y ahora se lo agradezco de todo corazón. Creo que ni la Xantipa de Sócrates podría haber calentado más el infierno. Pero *suum cuique*, como reza un dicho latino: ¡a cada uno, lo suyo! ¡Tuvo lo que merecía! *(Va al perchero y, durante lo que sigue, cambia de chaqueta.)*

MARGRETH.—¿Y dices que lleva poco tiempo aquí?

DORNER.—Sí, desde hace tres semanas. Antes era catedrático en Berlín y ahora, trasladado a su ciudad natal, es rector en nuestra universidad, de manera que el viejo Tattel sigue birlando el dinero a sus colegas más jóvenes y capaces y probablemente lo seguirá haciendo por toda la eternidad. Y su primer trabajo meritorio aquí ha consistido en echar a la calle a un viejo e incómodo conocido. *(Sonriendo maliciosamente, coge un puro del bolsillo de la chaqueta y lo enciende, lo que le lleva bastante tiempo.)* ¿Sabes, Margrethl? Debía de parecerle la encarnación de la mala conciencia cada vez que le entregaba un documento, y eso sucedía varias veces al día. Piénsalo: un ogro de mujer que le amargó la vida y que —*nota bene*: esto es lo que más le fastidia— podría haber sido mi esposa. Pero yo seguí soltero, *ergo* feliz. Él… con un hijo, un granuja que… *(Margreth se ha levantado y, vacilante, se apoya en el respaldo de la silla.)* ¿Te pasa algo, Margrethl? *(Tira la cerilla con la que está encendiendo el puro.)*

MARGRETH *(mareada)*.—¡Nada, tío, nada! Es que aquí dentro hace mucho calor. *(Más tranquila.)* ¡Sigue contándome!

DORNER *(locuaz)*.—Bien, pues Felixl, su hijo, no valía para estudiar, así que su padre lo puso de aprendiz con un comerciante. Fue lo más inteligente que pudo hacer con el muchacho. Y, mira, ahora al viejo envidioso le reconcome que su hijo sea dependiente de un comercio mientras que mi Lipperl, mi querido y valiente Lipperl, está haciendo su examen. Todavía antes de ayer me lo encontré en las escaleras. Estaba con su estupendo hijo, que había cogido ocho días de vacaciones para visitar a su padre, o en román paladino: para sablearlo. No está precisamente solvente, que se diga… Pero ¿qué te pasa, Gretherl? ¡Si de verdad hace tanto calor, abre un poco la ventana! *(Va a la mesa y coge la carta.)*

MARGRETH *(abre la ventana, su rostro se ilumina)*.—¡Tío, es Philipp, es Philipp! Ahora todo vuelve a estar bien. *(Se oye cómo la puerta principal se cierra de golpe.)*

DORNER *(alegre, presuroso)*.—¿Cómo, Lipperl? Entonces, me voy.

ESCENA SEGUNDA

PHILIPP, joven de 25 años y aspecto enfermizo, entra la sala. Viste de manera sencilla y correcta. Pelo rubio oscuro, con bigote. Carácter abierto y natural.

PHILIPP *(cuelga el sombrero en el perchero)*.—¡Buenas tardes, tío! *(Le estrecha la mano.)*

DORNER.—¡Buenas, Lipperl! Es una suerte que ya estés aquí. Gretherl se ha sofocado un poco en mi compañía. Tienes que hacer que vuelva a estar bien.

PHILIPP.—¿Qué… Margreth? ¿Dónde está, tío?

MARGRETH *(había entrado corriendo con el bordado en su habitación y ahora sale para recibirlo)*.—¡Philipp!

PHILIPP.—¡Margreth! *(Le da un beso.)*

DORNER *(alegre)*.—De verdad que no sé qué hago aún aquí. Es mucha hora de que me marche. *(En voz alta.)* ¡Hasta luego!

PHILIPP *(se da la vuelta)*.—¿A dónde vas con tanta prisa? Espera un poco a que me tome el café y después te acompaño. Todavía tengo que dar una clase.

DORNER.—No tengo tiempo, Lipperl, no tengo tiempo. Y, además, ¿voy a estar aquí parado mientras os besuqueáis para que se me haga la boca agua? *(Coge el bastón y el sombrero.)*

18

PHILIPP *(riendo, a Margreth).*—¡Bueno, da las gracias por el cumplido! ¡Fue una indirecta bastante directa!

MARGRETH *corre hacia Dorner y, antes de que se dé cuenta, le da un beso.*

PHILIPP *(sonriendo, a Dorner).*— Bueno, ¿te ha gustado?

DORNER *(confundido y secándose la boca).*—¡Y tanto! ¡Pero no ha sido culpa mía, Lipperl! Tendría que haberte pedido permiso, pero el rayo ya había caído. Perdón. *(Recoge el sombrero del suelo, que se le había caído durante el abrazo que le dio Margreth, y lo limpia con la manga de la chaqueta. Murmurando.)* Me siento como si hubiese cometido un pecado, yo… el secretario del club de solteros. *(En voz alta.)* ¡Bueno, no molesto más! ¡Adiós! *(Se pone en marcha.)*

PHILIPP *(lo detiene).*—Espera, tío! ¡No puedes irte así!

DORNER.—¿Por qué? ¿Os parece que voy mal vestido?

PHILIPP.—Con tu permiso. *(Le coge la pluma de la oreja y se la pone delante de los ojos.)*

DORNER *(se rasca detrás de la oreja).*—¡Ah, bribón! Ya lo digo yo y también lo dice Schiller: «El hombre llama al hábito su nodriza». Vamos, Lipperl, mírame, ¡a lo mejor me falta algo! *(Se da la vuelta.)* ¿Nada? Entonces me voy. ¡Hasta luego, Lipperl! ¡Adiós, Margrethl! *(Estrecha las manos de ambos.)*

MARGRETH *(divertida).*—¡Hasta la vista, tío! *(Y cuando Dorner ya se ha ido, añade en la puerta)* ¡Y saludos de nuestra parte al club de solteros!

PHILIPP *(fingiendo seriedad).*—Pero… ¡Qué mala eres! *(Vuelven a la habitación cogidos de la mano.)*

DORNER *(vuelve a entrar).*—¡No os molesto más! Es que he olvidado lo más importante. *(Entra en su habitación y vuelve a salir enseguida con un manuscrito en un sobre azul.)* ¡Sí, lo más importante! Ahora ya lo tengo todo...

MARGRETH *(riendo)*.—Entiendo, entiendo...

DORNER.—¡Chisss, Margrethl, no se lo digas a Lipperl! *(Ya en la puerta.)*

MARGRETH.—¡Felicidades!

DORNER.—Aún es pronto, Margrethl, aún es pronto. ¡Si Dios quiere! ¡Adiós! *(Sale.)*

ESCENA TERCERA

El sol en el patio da paso poco a poco al crepúsculo.

PHILIPP *(sonriendo)*.—¿Y eso? ¿Tenéis un secreto? Bueno, esto es inaudito. *(Se sienta a la mesa.)*

MARGRETH.—Bueno, sí, un secreto muy, muy pequeño e inofensivo.

PHILIPP.—¡Venga, Margreth, suéltalo enseguida o...!

MARGRETH.—O te olvidarás del café, y eso sería un desastre, ¿verdad? ¿Tengo razón? *(Corre a la cocina, de donde regresa con café, azúcar y pan.)*

PHILIPP *(aparte)*.—¡Un tesoro!

MARGRETH.—Aquí tienes. *(Pone las cosas en la mesa.)*

PHILIPP *(la abraza)*.—¡Silencio! ¡Tienes que ser castigada! *(La sienta en sus rodillas.)* ¡Confiesa! ¿Qué me ocultáis?

MARGRETH.—¡Nada de importancia!

PHILIPP.—Bueno, me parece que hoy estás más fría que el café. Primero tengo que calentarte un poco. *(La besa.)* Curioso, para otros es un candado en la boca y para ti es la llave para abrirla. *(Vuelve a besarla.)*

MARGRETH *(se resiste)*.—¡Te equivocas, Philipp! De verdad…

PHILIPP *(la suelta)*.—¡Entonces dilo, Margreth, dilo! Tengo que volver a salir.

MARGRETH.—¡No seas tan brusco! *(Pícara.)* ¡Y la próxima vez tendrás que quitarte antes el café del bigote!

PHILIPP.—Por supuesto, para que así te des cuenta enseguida cuando quiero besarte ¡y poder escapar! *(Riendo.)* ¡No está mal pensado! ¡Pero venga, dilo! ¿Qué es lo que no deberías contarme? *(Bebe.)*

MARGRETH *(con tono ligero)*.—Que el tío se ha hecho escritor.

PHILIPP *(deja la taza)*.—¿Qué has dicho? *(De repente, con una carcajada.)* ¡Ja, ja, ja! Buen chiste…

MARGRETH *(cohibida)*.—Pero si te pregunta algo, tú no sabes nada, ¿vale?

PHILIPP.—¿Cómo? Entonces ¿es verdad? ¿Y te lo ha dicho él mismo?

MARGRETH.—Claro que me lo ha dicho él. Es decir, más o menos. Hace dos semanas estuvo con su amigo, ya lo conoces, Walser, el librero y editor. Según me dijo, cuando la obra del tío esté lista para ser imprimida, Walser correrá con los gastos.

PHILIPP *(atento)*.—¿Y sabes qué está escribiendo?

MARGRETH.—Sí. *Memorias de un actuario.*

PHILIPP *(pensativo)*.—¿*Memorias de un actuario?*… Entonces, algo autobiográfico… Bueno, no serán anécdotas. *(Mira hacia delante.)*

Breve pausa.

MARGRETH.—¿Sabes? A mí me parece maravilloso que a su edad al tío aún se le ocurran cosas como esa.

PHILIPP *(levanta la mirada).*—¿Maravilloso? Bueno, tiene un gran corazón… Pero que me lo haya ocultado…

MARGRETH *(suavemente).*—¿Y no sabes por qué?

PHILIPP *niega con la cabeza.*

MARGRETH.—Porque cuando todo saliese bien, quería darte una sorpresa. No quería defraudarte en el caso de que al final todo quedara en nada.

PHILIPP *(profundamente conmovido).*—¡Mi querido tío! *(Un momento de silencio.)* ¿Y ese era el manuscrito que llevaba bajo el brazo?

MARGRETH.—Sí. Quiere presentarlo hoy.

PHILIPP *(meditabundo, con la mirada al frente).*—¿Sí? *(Se echa la mano al corazón y, a duras penas, consigue hablar.)* Solo tengo miedo de una cosa, solo de una: que haya terminado sus memorias demasiado pronto. *(Tose violentamente.)*

MARGRETH.—Estás tosiendo mucho. Voy a cerrar la ventana. *(Lo hace.)*

PHILIPP *(fatigado).*—¡Déjalo! Lo de siempre. Ya pasará.

MARGRETH *(mecánicamente).*—Lo dices en un tono tan extraño…

PHILIPP.—¿Cómo si yo mismo no me lo creyese? ¿Es eso lo que ibas a decir?

MARGRETH *(seria).*—¡No, Philipp!

PHILIPP *(febril).*—Pero tú no crees eso, ¿verdad? Crees que pasará, que tiene que pasar…

MARGRETH *(con vehemencia).*—Lo contrario sería una traición a lo único que tengo, a lo único que la suerte me ha dejado: a mi amor. *(En voz baja.)* Philipp, si no creyese eso, me mataría para encontrar la paz.

PHILIPP *(conmovido, le da un beso en la frente).*—¡Pobre Grethe!

MARGRETH *(fervientemente).*—¡Pero tienes que cuidarte, Philipp, tienes que cuidarte! *(En un súbito ataque de angustia.)* ¡Philipp, hoy no salgas más, quédate conmigo, con tu Margreth!… Este bochorno… y la espantosa soledad…

PHILIPP.—No puede ser, pequeña, imposible. Hoy tengo la «clase buena». Ya sabes, dos marcos por la clase con el Consejero de Gobierno.

MARGRETH.—El aire frío de la noche te sentará mal.

PHILIPP.—¡Pero, pequeña, si no es para tanto! Nadie enferma de tuberculosis por ese par de pasos. *(Risa forzada.)* Te lo prometo.

MARGRETH *(suplicando).*—¡Philipp!

PHILIPP *(la mira interrogativamente).*—Dependo de esos pequeños ingresos… por el tío. Ahora, en su…

MARGRETH *(vencida).*—Sí, sí, tienes razón… Es solo el miedo, un miedo instintivo…

PHILIPP.—¿Miedo, a qué?

MARGRETH.—¡Ah, Dios, cómo decirlo? El miedo a algo que está por encima de nosotros, que nos obliga… Miedo a perder algo… *(Confusa.)* Miedo… ¡No sé a qué, Philipp! *(Sollozando, se postra ante él.)* ¡Qué desdichada soy, profundamente desdichada!

PHILIPP *(conmovido, le acaricia el pelo)*.—¿Pero qué vas a perder?

MARGRETH.—Mi hogar, mi paz... ¡a ti!

PHILIPP *(interpretando mal sus palabras)*.—¡No me obligues a ceder! Ya te he dicho que no hay que tomar mi enfermedad tan a la tremenda. Mi amigo...

MARGRETH *(con vehemencia)*.—¿El doctor Struhwe? ¿Qué ha dicho?

PHILIPP.—Ha vuelto a hacerme un reconocimiento en detalle. Ya sabes que es mi mejor amigo. Dijo...

MARGRETH.—¿Qué?

PHILIPP *(obligándose a mostrar alegría)*.—Bueno, pues que... que seremos una pareja de lo más sana.

MARGRETH.—¿De verdad...?

PHILIPP.—Sí... Y que podemos esperar para casarnos todo el tiempo que queramos. *(Se pone de pie y coge las manos de Margreth.)* Pero ahora hay que tener un poco de paciencia.

MARGRETH.—¡Esperaré, Philipp, ya lo sabes!

PHILIPP *(le da un beso en la frente)*.—¡Mi valiente Grethe! Sí, confío en ti. *(Le mueve las manos.)* Muy bien... Y ahora el deber me llama.

MARGRETH *(cándidamente)*.—¡Ojalá no los hubiese!

PHILIPP.—¿Y eso lo dice quien pasa toda su vida cumpliendo obligaciones? ¡Venga! Pero yo te digo que sin deberes no seríamos seres humanos. El deber es como el honor: vincula. *(Vuelve a estrecharle las manos.)* ¡Hasta luego! *(Coge su sombrero, se sube el cuello de la chaqueta y sale.)*

MARGRETH.—¡No cojas frío, Philipp! ¡Adiós!

ESCENA CUARTA

Margreth sola. Más tarde, Wartenberg.

MARGRETH *(mira a Philipp mientras este se marcha).*—El deber vincula como el honor… ¡Pobre! No ha entendido qué quería decir con que hay algo más alto que nos obliga. *(Por un momento, cierra los ojos como si estuviese mareada. A continuación va a la mesa, recoge las cosas del café y los lleva a la cocina. Afuera ha oscurecido. Margreth viene con una lámpara encendida y la pone en la mesa. Después de colocar las sillas, baja la cortina de la ventana, va a su habitación y regresa con el bordado. Se sienta a la mesa para trabajar pero mira fijamente al frente con la cabeza apoyada en las manos.)* ¿Qué dijo el tío? Es algo muy diferente a cuando una persona siente un amor santo y bendito que después es… ¡Ah! *(Hace un movimiento brusco para espantar esos pensamientos y se pone a trabajar con empeño. Larga pausa. De repente, se oye que se cierra la puerta principal. Margreth se pone de pie.)* ¡Gracias a Dios, el tío! *(Da unos cuantos pasos hacia la puerta. Llaman. Se queda como hechizada.)* No, no es el tío, es… ¡Dios Santo! *(Angustiada, mira fijamente la puerta. Vuelven a llamar.)*

VOZ DE WARTENBERG *(en el pasillo).*—¡Perdón si molesto!

MARGRETH *vuelve en sí, con un último esfuerzo corre hacia la puerta para intentar cerrarla, pero la abren desde fuera.*

WARTENBERG *(entra. Hombre de 29 años, guapo, pero con rasgos toscos, pelo negro, bigote y patillas, aspecto enervado. Sus maneras son desenvueltas; su traje, de moderna elegancia.*

Los expresivos ojos están profundamente hundidos en las cuencas).—¡Perdón!

MARGRETH *se agarra al aparador, luchando por encontrar las palabras.*

WARTENBERG *(yendo hacia ella).*—¡Margreth!

MARGRETH *(rebelándose).*—¡No se atreva, señor!

WARTENBERG *(retrocede un poco).*—Ah, parece que ya no me conoces. *(Cortante.)* Felix Wartenberg. Seguro que te acordarás… De Berlín.

MARGRETH *(con frialdad).*—Se equivoca usted, señor, yo no me acuerdo de nada… absolutamente de nada…

WARTENBERG *(muy asombrado).*—¡Bueno, escúchame!

MARGRETH.—A veces sucede que se hacen conocidos de los que más tarde te arrepientes.

WARTENBERG *(despacio, con énfasis).*—Pero también hay relaciones a las que no se les puede condenar a muerte tan fácilmente. Hay figuras del pasado que aparecen en la memoria de la manera más dolorosa.

MARGRETH *(orgullosa).*—No creerá usted que desempeña en mi caso un papel semejante.

WARTENBERG *(adusto).*—¡Sí, Margreth! Mi conciencia me obligó a creerlo.

MARGRETH *(riendo amargamente).*—¿Su conciencia? ¡Ja, ja, ja! Qué amable la conciencia, después de haber estado dormida durante tanto tiempo… Pero le voy a decir algo: su conciencia miente.

WARTENBERG.—La mala conciencia nunca miente.

MARGRETH.—En este caso, ¡sí! *(Cortante.)* Por lo demás, ¿a qué viene esta palabrería?

WARTENBERG *(vehemente).*—¡Margreth!

MARGRETH *(con dignidad).*—Antes de que continúe con la comedia…

WARTENBERG *(con una breve risa).*—¡¿Comedia?! ¡Eso es lo que estás haciendo tú!

MARGRETH.—Antes de que diga una sola palabra más en ese tono de confianza, dígame con qué derecho entra usted en esta casa.

WARTENBERG *(asombrado).*—¿Con qué derecho, me preguntas? ¿Con que derecho? *(La mira fijamente.)*

MARGRETH *(con esfuerzo).*—No soy la señora de la casa. Si quiere hablar con el señor Dorner, llegará pronto. Con más razón debo pedirle que salga inmediatamente de aquí…

WARTENBERG *(apremiante).*—¡Ten un poco de sensatez, Margreth! ¡No me empujes a la desesperación!

MARGRETH *(riéndose).*—¿Desesperación? ¡Ja, ja, ja! *(Tajante.)* ¡Perdone que interrumpa esta conversación! *(Se apresura hacia la puerta de su habitación.)*

WARTENBERG *(siguiéndola).*—¡Margreth!

MARGRETH *(temblando de indignación).*—No obligará a una mujer indefensa a protegerse por otros medios.

WARTENBERG.—¡Escúchame, Margreth!

Pausa.

MARGRETH *(lo mira con desprecio).*—Sé breve. ¿A qué has venido?

WARTENBERG *(tartamudeando).*—Mira, he estado ahí fuera como un espía. A través de la ventana…

MARGRETH.—Te he preguntado por qué has venido, nada más.

WARTENBERG.—He venido, Margreth…

MARGRETH *(en voz baja, rechinando los dientes).*—¿Quizá para ver los profundos surcos que el dolor ha dejado en mi frente? ¿Verdad? ¿No es así?

WARTENBERG *(con mirada ardiente).*—Estás más guapa que nunca.

MARGRETH *(sumamente indignada).*—¡Cállate! *(Temblando de nerviosismo.)* Quiero saber el motivo de que hayas venido.

WARTENBERG *calla, sumido en su contemplación.*

MARGRETH *(con vehemencia).*—Había terminado con el pasado, había conseguido la paz después de mil batallas sangrientas. Y ahora vienes y traes todo el pasado para robarme mi paz.

WARTENBERG *(se postra ante ella).*—He venido para entregarme por completo a ti, Margreth. ¡Créeme, para expiar lo que te hice!

MARGRETH *(con frialdad).*—Escúchame, me parece muy decente por tu parte, muy… honesto. Pero me asombra que no hayas llegado antes a la conclusión… Ahora es demasiado tarde.

WARTENBERG *(se pone en pie).*—¿Demasiado tarde? ¿Cómo tengo que entender eso?

MARGRETH.—Deberías saberlo mejor que nadie.

WARTENBERG.—No te entiendo.

MARGRETH.—¡Entonces tampoco preguntes! Confórmate con que te diga que soy feliz sin ti…

WARTENBERG *(rápido).*—No puedes serlo.

MARGRETH.—¿Y por qué no?

WARTENBERG *(lentamente)*.—Porque uno no puede dejar el pasado atrás sin más. *(En voz baja.)* Y ya sabes qué papel he desempeñado en tu pasado…

MARGRETH *(fuera de sí)*.—¡En efecto, un papel magnífico, estupendo! El papel de un joven calavera.

WARTENBERG *(poniéndose de pie)*.—¡Margreth! *(Se domina.)* ¡Está bien! Concedo que tienes derecho a llamarme así…

MARGRETH.—¿Lo tengo, en serio?

WARTENBERG.—Sabes que no fue culpa mía.

MARGRETH.—No, de verdad que no lo sé.

WARTENBERG.—No pude hacer nada más.

MARGRETH *(cada vez más tranquila)*.—Ah, ¿no pudiste? ¡Pero habla, habla! Tengo curiosidad por ver cómo te justificas. Pero sé breve… *(Pausa.)* Bueno, ¿no dices nada?

WARTENBERG.—Si realmente quieres escucharme.

MARGRETH.—Ya ves que sí.

WARTENBERG *(herido)*.—¡Margreth! No me trates tan desdeñosamente. *(En voz baja.)* No lo merezco.

MARGRETH *(riendo)*.—Se supone que tengo que unirme a las loas a tu grandeza, ¿no? ¡Pero tranquilo! Voy a hacer que tu confesión no te resulte tan dura. Solo tienes que responder a una pregunta: *(respirando con dificultad.)* ¿Por qué me abandonaste hace tres años? *(Lo mira fijamente.)*

WARTENBERG *calla*.

MARGRETH *(con serenidad)*.—Te he preguntado por qué me abandonaste.

WARTENBERG *(apurado)*.—Bueno, tenía deudas…

MARGRETH *(con dureza)*.—Y yo era una pobre huérfana…

WARTENBERG *(con fingido sentimiento de culpa).*—Con la que prometí casarme...

MARGRETH.—Con la que prometiste casarte... *(Con vehemencia.)* Y que te quería, que te quería de manera inefable, y porque te quería, confió en ti; porque te quería, se entregó a ti; porque te quería, le robaste lo único que tenía en su pobreza: ¡la honra!

WARTENBERG *(emocionado).*—Margreth, me estás rompiendo el corazón...

MARGRETH.—¿Pero que tú me lo rompieses a mí te dio completamente igual? Una infeliz más en el mundo ¿qué te importaba a ti? Una vez que tenías en tus manos a tu presa y habías saciado tu deseo, ¡fuera con nosotras, fuera, a escupir delante de nosotras! ¿Qué me importa a mí esta furcia?

WARTENBERG.—Deliras...

MARGRETH *(con incontenible pasión).*—Y si deliro, probablemente no es culpa tuya, ¿verdad? ¡Oh, no! Vosotros sois respetables. Contáis en el café a vuestros dignos camaradas que habéis terminado una nueva aventura galante y que, ¡pensadlo!, no os ha costado nada. Para después escupirnos en la cara, cuando por la noche mojábamos el colchón de paja con las lágrimas que nos arrancasteis mientras vosotros ya hace tiempo abrazabais a otra querida. Y entonces, cae sobre nosotras la inmundicia que no toleráis sobre vosotros mismos, solo porque a la gente le parece que ensucia. ¡Bravo, bravo, magníficos sinvergüenzas! *(Fuera de sí.)* ¡Responsabilízate, responsabilízate!

WARTENBERG.—No deseo otra cosa. Pero... No me dejas hablar.

MARGRETH *(más tranquila)*.—¡Habla! *(Agotada, se sienta en una silla.)*

WARTENBERG.—Créeme, Margreth: me habría casado contigo. Pero, como ya he dicho, estaba hasta arriba de deudas…

MARGRETH.—¡Sigue, sigue!

WARTENBERG.—Mi padre me había buscado por esposa a la hija rica de un banquero. Dios sabe que no la quería

MARGRETH.—¡Déjate de juramentos! Me da igual si la amabas o no.

WARTENBERG.—Pero se enteró de mi vida anterior, de mi relación contigo, de ahí que se rompiese el compromiso. Su padre pagó mis deudas y yo me libré de dos males.

MARGRETH *(con amargura)*.—¡La vieja historia, la vieja justificación!

WARTENBERG.—¿No me crees? Está bien, Margreth, quiero casarme contigo.

Larga pausa.

MARGRETH *(se pone de pie muy despacio y lo mira inquisitivamente)*.—¿Quieres… casarte… conmigo?

WARTENBERG *(con sencillez)*.—Mi deber es expiar lo que te hice.

MARGRETH.—¿Quieres que sea tu mujer después de haber pasado tres años sin preocuparte por mí?

WARTENBERG.—¡Sí, Margreth!

MARGRETH.—Eso no me lo puedo creer.

WARTENBERG *(dolido)*.—¿Lo dudas?

MARGRETH *(lentamente)*.—¿Acaso sabes si no me hundí en el pantano al que me arrojaste?

Wartenberg *(acechante)*.—¿Cómo? ¿Serías tan honorable como para declararte deshonrosa?

Margreth *(enderezándose)*.—¿Ves cómo te he atrapado? ¿Tan poco es el respeto que sientes por la persona que quieres que sea tu compañera durante toda la vida?... Me pareces tan insignificante, tan lamentablemente insignificante...

Wartenberg *(encolerizado)*.—¡Margreth!... Solo mi desmedido amor por ti me permite hacer como que no he oído este agravio.

Margreth *se ríe*.

Wartenberg *(hace una pausa y se domina)*.—Me he hecho cargo del negocio de mi difunto jefe, así que puedo garantizarte una vida segura. Una vez más, Margreth, te pido que te cases conmigo.

Margreth *(decidida)*.—Pues bien, no puedo ser tu esposa.

Wartenberg.—¿No puedes... ser... mi esposa? *(Vehemente.)* Pero si yo lo quiero, tienes que ser mi esposa. ¡Piensa en el pasado!

Margreth.—Lo he hecho.

Wartenberg.—¿Y por qué no puedes serlo?

Margreth *(brusca)*.—No es necesario que estés ahí mirándome como un juez.

Wartenberg *(imperioso)*.—¿Por qué no puedes?

Margreth.—No tienes por qué saberlo.

Wartenberg.—¿Por qué no?

Margreth.—Porque no tienes ningún derecho a hacerme esa pregunta.

Wartenberg *(cambiando de repente, echándose a sus pies)*.— Pero debo saberlo...

MARGRETH *(sorprendida).*—¿Debes saberlo?

WARTENBERG *(amargamente).*—Para al menos poder irme con la certeza de que eres feliz.

MARGRETH.—¡Bien, pero con una condición!

WARTENBERG *(con voz ronca).*—¡Adelante!

MARGRETH.—Que te marches de esta casa enseguida.

WARTENBERG.—Lo prometo.

MARGRETH *(se vuelve hacia un lado; habla con esfuerzo).*—Estoy comprometida.

Pausa.

WARTENBERG *(se pone de pie lentamente).*—¿Estás… comprometida? ¡Vaya! *(Se toca la frente como si despertase de un mal sueño.)* Estás… comprometida. *(Con ojos relampagueantes.)* ¿Y con quién? ¿Un buen partido? *(Se ríe.)*

MARGRETH *(con esfuerzo).*—Mi novio llegará dentro de un momento. Te pido que te marches…

WARTENBERG *(con desenvoltura).*—Y me marcho. *(Hace una inclinación y se vuelve hacia la puerta.)*

MARGRETH *(aparte).*—¡Salvada! *(Se gira.)* ¿Aún aquí?

WARTENBERG *(se había detenido y ahora retrocede unos pasos).*—¡Disculpa! Tengo que hacerte otra pregunta.

MARGRETH.—Me prometiste que te marcharías…

WARTENBERG.—¡Y lo haré! Pero la pregunta está estrechamente relacionada con lo que me has dicho.

MARGRETH *(con voz apagada).*—Si puedo responderla…

WARTENBERG.—Bien sabe Dios que puedes.

MARGRETH.—Adelante, entonces, pero sé breve.

WARTENBERG.—Lo intentaré. *(En voz baja, enfático.)* ¿Tu novio conoce tu pasado?

MARGRETH *(vacilante).*—Eso a ti no te importa…

WARTENBERG *(con risa diabólica).*—¡Cierto! ¡Completamente cierto! *(Acechante.)* ¿Pero y a él?

MARGRETH.—¿Por qué no habría de saberlo? Después de que rehíce mi vida…

WARTENBERG *(con fuerza).*—Te lo vuelvo a preguntar: ¿tu novio sabe lo de nuestra relación?

MARGRETH *(se recompone; con calma afectada).*—Por supuesto.

WARTENBERG.—Bien, solo quería saber eso. *(Malicioso.)* ¿Y tú sabes, entonces, que tu prometido un donnadie sin carácter que se cree muy afortunado por haber encontrado una perla desechada? *(Se apoya en la mesa del actuario.)*

MARGRETH *(encolerizada).*—¡Puedes insultarme todo lo que quieras, pero cuando hables de él, hazlo con respeto!

WARTENBERG *(con cinismo).*—No veo por qué debería hacerlo.

MARGRETH *(agotada).*—Es jurista y se examina dentro de poco.

WARTENBERG *(riendo con malicia).*—Perdona que lo dude.

MARGRETH *(con sus últimas fuerzas).*—Es el señor de la casa y llegará enseguida.

WARTENBERG *(mira, tranquilamente, a su alrededor).*—¡Sí, muy bonita! ¡No es un mal partido, no! Por eso puedo decirte con mayor seguridad que el sentido del honor de un universitario es incompatible con casarse con una mujer deshonrosa.

MARGRETH, *destrozada, se sienta en una silla.*

Pausa.

WARTENBERG *(se pone detrás de ella, con ojos brillantes)*.—¡Ya ves que estás en mi poder!

MARGRETH *(gritando)*.—¡No, no es verdad!

WARTENBERG *(impasible)*.—¡Pierdes el tiempo!

MARGRETH.—¡Philipp te lo demostrará!

WARTENBERG *(poderoso)*.—Entonces yo le demostraré lo contrario.

MARGRETH *(poniéndose de pie)*.—¡No, no lo harás!

WARTENBERG *(con frialdad)*.—¡Claro que lo haré!

MARGRETH *(echándose a sus pies)*.—¡Por compasión! ¡Por compasión!

WARTENBERG.—Estás en mis manos. ¡Piénsalo!

MARGRETH *(apoya la cabeza en el borde de la mesa)*.—¡Perdida!

WARTENBERG *(tentador, en voz baja)*.—No lo estás, si… quieres.

MARGRETH *(sin voluntad)*.—¿Qué tengo que hacer?

WARTENBERG *(vehemente)*.—¡Ser mía!… Vente conmigo… ¿No ves que estás unida a mí con las cadenas de hierro del amor?… Eres mía, solo mía… Y hago valer mi derecho… ¡Margreth, cásate conmigo!

MARGRETH *(exhausta)*.—¡Jamás!

WARTENBERG.—¡Debes hacerlo! *(La levanta con violencia y la besa. La puerta se abre de golpe.)*

PHILIPP *(aún en la puerta).*—Oigo voces. *(Entra y emite un fuerte grito.)*

MARGRETH.—¡Philipp, protégeme de este hombre!

PHILIPP *(lucha con Wartenberg, lo lanza contra la mesa).*—¡Ah! ¡Canalla, maldito canalla!

WARTENBERG *(se coloca la corbata, mira a Philipp con desprecio; a Margreth).*—¿Su prometido, señorita?

PHILIPP *(amenazante, se pone delante de él).*—En efecto, su prometido, quien no tolera que a su novia *(con un gesto despectivo de la mano)* la moleste un cobarde.

WARTENBERG *(apartándose).*—Habrá de darme satisfacción por este insulto.

PHILIPP.—Los estudiantes no luchan contra bribones… y mucho menos contra los completos.

WARTENBERG *(enérgico).*—¡Modérese! No vaya a ser que…

PHILIPP *(tranquilo).*—No sé quién es usted.

WARTENBERG *(retrocediendo).*—¡Perdón! Felix Wartenberg.

PHILIPP.—¿Cómo? ¿El hijo del rector Wartenberg?

WARTENBERG.—El mismo.

PHILIPP.—¿El hijo de ese caballero?

WARTENBERG.—En calidad de tal, exijo una satisfacción.

PHILIPP *(con súbita decisión).*—¡Y la tendrá!

Pausa.

WARTENBERG *(orgulloso).*—Comprenderá que algo así ha de realizarse bajo las más estrictas condiciones.

PHILIPP.—No seré yo quien quiera suavizarlas.

WARTENBERG.—Si está de acuerdo, mañana le comunicaré los detalles a sus padrinos.

PHILIPP.—¡Como desee!

WARTENBERG.—Podrán encontrarme en mi casa. *(Hace una inclinación y va hacia la puerta.)*

MARGRETH *(se recompone, corre hacia Philipp).*—¡No, esto no puede ser! Philipp, no puedes batirte en cuelo con este.

WARTENBERG *(se para y la observa).*—¿No puede?… Bueno, señorita, creo que su prometido puede sentirse feliz de que le dé satisfacción, de que lo considere digno para eso.

PHILIPP *(hace el amago de ir a por él).*—¿Yo?… ¿No ser digno? *(Con voz ronca.)* ¿Qué está queriendo decir?

WARTENBERG.—¡Pronto lo sabrá!

MARGRETH *se desploma en la silla.*

PHILIPP *(fuera de sí).*—Dígamelo ahora mismo, ahora mismo, *(como enloquecido)* o…

ESCENA SEXTA

DORNER *(entra).*—Bueno, ¿qué pasa aquí?… ¡Ah, señor Wartenberg! Me alegro de encontrarlo…

PHILIPP *(temblando de indignación).*—¡Tío! Insisto en que este hombre salga inmediatamente de aquí.

DORNER.—¡Bueno, Philipp, para eso tampoco es necesario ser el dueño de la casa! *(A Wartenberg, con tranquilidad.)* Justo ahora el bedel me ha dicho que había estado preguntando por mi dirección.

WARTENBERG *(murmurando).*—Maldito.

DORNER.—¿Qué quiere de mí?

WARTENBERG *(apurado)*.—He venido… señor actuario… Por su propio interés, me gustaría hablar con usted en privado…

DORNER.—Aquí no hay secretos entre nosotros. Por favor, diga lo que tenga que decir.

WARTENBERG *(decidido)*.—Mi padre me ha pedido que le diga que mañana vaya a verlo.

MARGRETH *(en voz baja)*.—¡Ah, vino por eso!

DORNER *(con tranquilidad)*.—Desde el momento en el que estoy retirado, no sé qué puede querer de mí su señor padre.

WARTENBERG.—Mi cometido es informarle previamente. La cuestión tiene que ver con la época en la que aún trabajaba.

DORNER *(con dureza)*.—Todo eso ha terminado.

WARTENBERG.—Tenga la certeza, señor actuario, de que si no se tratase de algo de importancia, mi padre no me habría enviado a mí, sino al bedel.

DORNER *(con seguridad)*.—¡No llego a imaginar de qué puede tratarse!

WARTENBERG.—La última factura de mi padre no coincide con las suya cuando usted aún trabajaba.

PHILIPP *(va hacia él)*.—¡Miserable!… ¡Quien ofende a mi tío, me ofende a mí! *(Amenazante.)*

DORNER *(completamente tranquilo)*.—¡Deja esto en mis manos, Philipp!

PHILIPP *(con vehemencia)*.—¡No, no voy a permitir que te insulten!

DORNER.—¡Calma, Philipp! Son solo las palabras de su padre.

PHILIPP.—Pero tienes que saber que, en nuestra ausencia, este señor acosó a Margreth y después... *(Tose debido al agotamiento.)*

DORNER *(colérico).*—¡¿Có-mo?! *(Piensa durante un momento.)* ¡Hum! *(A Wartenberg.)* ¡Escuche! *(Con gran tranquilidad.)* Ha venido para entregarme un mensaje ya que su señor padre pensó que no había nadie mejor que usted para eso. De esa manera quería honrarme. ¡Le doy las gracias al señor rector! *(Intenso.)* Usted vino, no me encontró en casa, sino a una mujer indefensa, la novia de mi sobrino. A pesar de que estaba sola, usted no se marchó. A pesar de que era la novia de mi sobrino, la acosó y con sus manos sacrílegas quiso tocar un templo que para usted debería ser sagrado. *(Lo mira penetrantemente.)* Dígale a su señor padre que iré mañana. Pero en lo que a usted respecta, dígale que habría preferido que me hubiese enviado a cualquier porteador. ¡Margrethl, ilumínale al señor el camino de salida! *(Sonríe, satisfecho.)*

WARTENBERG *(con tono irónico, a Philipp).*—Bueno, ¿me dará satisfacción?

PHILIPP *(sarcástico).*—Ya que considera que soy digno, ¡no lo dude!

WARTENBERG *se ríe brevemente, hace una inclinación y sale.*
MARGRETH *lo acompaña para alumbrarlo.*

ESCENA SÉPTIMA

MARGRETH *deja la lámpara en el mostrador y se queda mirando fijamente a frente.*

PHILIPP *se ha desploma de una silla del hueco en la pared y tose convulsivamente.*

DORNER *(se frota las manos con satisfacción).*—¡Ah! ¡Ahora me ha entrado el apetito!... Margrethl, pon la mesa y trae la cena. *(Se sienta. Como Margreth no se mueve, la llama.)* ¡Margreth!

MARGRETH *(da un respingo).*—¡Enseguida, tío! *(Va a la cocina.)*

DORNER *tamborilea con los dedos sobre la mesa y silba.*

ACTO SEGUNDO

Cuarto del actuario como en el acto primero. Fuera, en el patio, hay niebla. Es de mañana.

Escena primera

El escenario permanece vacío durante un momento. Entra Dorner con un traje oscuro y ligeramente pasado de moda. Trae en la mano una botella de vino. Más tarde aparece Margreth.

Dorner.—¡Margrethl! *(Deja la botella en el mostrador.)* ¡Margreth! *(Abre la puerta de la cocina y luego la de la habitación de Margreth.)* ¡Ha salido! *(Cuelga el sombrero en el perchero, le quita a la botella la envoltura de papel y, sonriendo con satisfacción, mira la etiqueta. Chasquea la lengua y vuelve a dejar la botella en el mostrador. Se guarda el papel en el bolsillo de la chaqueta, que a continuación se quita y la deja en el canapé. Cuando va a entrar en su cuarto, llega Margreth vestida con un sombrero sencillo y elegante y una estola de verano sobre los hombros, y con un cesto en el brazo.)*

Dorner *(se da la vuelta).*—¡Ah, ya estás aquí!

Margreth.—¡Buenos días, tío!

Dorner *(se acerca a ella).*—¡Buenas, Gretherl! ¡Deja que mire! ¡A ver qué nos has traído para celebrar el aprobado!

(Mira en el cesto.) ¡Ah, estupendo, estupendo! Pero no sé si eso es un pollo o un ganso.

MARGRETH.—De casualidad… ¡un capón! *(Se obliga a sonreír.)*

DORNER *(la mira interrogativamente).—* ¿Un ca…? *(Se aleja moviendo la cabeza, silbando y con las manos en los bolsillos.)* Siento curiosidad… Nunca lo he probado.

MARGRETH.—¡Tengo que ponerme a trabajar, tío! Philipp no tardará en llegar. *(Lleva la cesta a la cocina y luego entra en su habitación.)*

DORNER *(mira el reloj).—*¡Santo Dios! Las diez y media. *(Sale por la derecha.)*

MARGRETH *llega desde la izquierda, sin sombrero ni estola. Sus movimientos son cansados y mecánicos.*

DORNER *(entra desde la derecha con un cartel, un martillo y clavos. En el cartel, pintado con una hermosa letra, se lee «Enhorabuena»).—*¡Margreth, mira qué hice ayer! Asombrada te quedas, ¿eh? «Enhorabuena». Lo colgaré aquí, encima de la puerta, para que lo vea en cuanto llegue. ¡Se va a quedar anonadado! ¿O qué crees? Le va a impresionar, claro que sí. Enhorabuena, enhorabuena… ¡Dios Santo, Gretherl! Yo podría dar saltos de alegría y tú estás como toda envarada…

MARGRETH *(coge el mantel del cajón y, durante la siguiente escena, pone la mesa).—*Porque todo es tan… solemne.

DORNER *(se sube a la silla y coloca el cartel encima de la puerta de su cuarto).—*¿Solemne? Tienes razón. ¡Y así tiene que ser! Una celebración familiar. Y si no hay lujos, ¡al menos tiene que haber alegría! *(Como Margreth se calla, da un sonoro martillazo en un clavo.)* ¿Me has oído? ¡Alegría!

MARGRETH *(sobresaltándose).*—¿Qué pasa?

DORNER *(se da la vuelta).*—No te entiendo, muchacha. ¡Esa cara larga y penosa en un día tan feliz! ¡Estás como si hubieses comido belladona!

MARGRETH.—Hay personas que cuando están muy emocionadas no pueden expresar su alegría.

DORNER *(volviendo a trabajar).*—¡Sí, puede que tengas razón! Pero al final me vas a contagiar ese ánimo otoñal.

MARGRETH *(en voz baja).*—Es que llega el otoño.

DORNER *(sin hacerle caso).*—Y también a Philipp. Ayer no dijo ni pío. *(Da un fuerte martillazo.)* No sé, pero que el diablo me lleve si en todo esto no tiene algo que ver Wartenberg.

MARGRETH *(rápidamente).*—¿Por qué lo dices?

DORNER.—Bueno, yo también pienso, ¿sabes?

MARGRETH.—Pero eso es imposible. Quizá Philipp estaba un poco nervioso en espera del resultado. Es comprensible.

DORNER.—Es posible, es posible, pero no seguro. Esta noche le costaba muchísimo respirar. Gemía y no dejaba de pronunciar tu nombre. Y después la tos… *(Deja de trabajar.)* ¿Sabías que al final ese Wartenberg no había venido por mí?

MARGRETH *(lo mira interrogativamente).*—No te entiendo.

DORNER.—Ayer fui a ver a su padre, al rector, para dar cuentas de mi trabajo. ¿Qué crees que hizo? Se rio en mi cara: tenía que tratarse de un malentendido. «Disculpe, señor rector», respondí, «su hijo me ha acusado de algo que no puedo dejar pasar». «¿Mi hijo? ¿A qué fue mi hijo a su casa»… Le conté todo lo ocurrido. ¿Y el resultado de la conversación? La acusación de ese sinvergüenza era completamente falsa. En la caja no faltaba nada. Si quien dijo todo eso no fuese un sujeto tan patético… ¿Pero sabes qué pensé entonces?

MARGRETH.—No.

DORNER.—Pero no te enfades conmigo, ¿vale? Ya sabes que hay muy malas lenguas. Quizá ese pobre hombre oyó que… bueno, cómo decirlo… que yo tenía un tesoro a bajo precio.

MARGRETH *(encolerizada)*.—¡Tío!

DORNER.—Uno no sabe las mentiras que llega a urdir la gente. Sobre todo cuando se es recto y honrado y no ven en uno esas cualidades. En su apurada situación, probablemente no se le ocurrió otra excusa.

MARGRETH.—Me sorprende que te tomes con tanta tranquilidad un insulto como ese…

DORNER *(se encoge de hombros, sonriendo)*.—Sí, pero hay una razón para eso… *(Llaman a la puerta.)* ¡Demonios, y ahora quién será?

VOZ DE DÖBERL *(desde el pasillo)*.—¿Dorner, estás en casa?

DORNER.—¡Demonios, es Döberl! ¡Margreth, pon la botella de vino en la mesa y no la pierdas de vista! Porque si no… *(Margreth lo hace.)*

ESCENA SEGUNDA

Entra Döberl, el bedel de la universidad. Unos cincuenta años, un poco achispado. Habla con un dejo de dialecto sajón.

DÖBERL.—¡A los muy buenos días, señorita! Disculpe que... *(Ve a Dorner.)* ¡Eh, señor, qué hace ahí subido? ¿Es que va a ahorcarse?

DORNER *(termina de colocar el cartel).*—Ahora mismo bajo. *(Se baja de la silla y la pone en su sitio.)* ¡Margrethl, ve a la cocina a terminar todo lo que querías hacer!

MARGRETH *va a la cocina.*

DÖBERL *(se pone delante del cartel y lo observa).*—¡Qué bonito, eh! No sé a quién se felicita, pero yo también lo felicito.

DORNER *(se ha puesto la chaqueta y se limpia el sudor de la frente con el envoltorio de la botella de vino que se había guardado en el bolsillo).*—¡Pues no me ha hecho sudar? Bueno, dime, ¿por qué has venido? ¡Hace mucho que no te veo!

DÖBERL.—Primero, con perdón, vaya pañuelo tan raro. *(Le coge el papel de la mano y lo alisa sobre una rodilla.)*

DORNER *(despreocupadamente).*—Bueno, que lo sepas: desde que me jubilé, no tengo nada de vino en casa.

DÖBERL.—Que el diablo me lleve si no me estás mintiendo. *(Levantando el papel.)* ¿Y de dónde sale esto, entonces? Y se seca el sudor de la frente con una lista de precios de los vinos más famosos. ¿Qué dices a esto?

DORNER.—Ha sido sin darme cuenta, viejo borrachín.

DÖBERL.—Eso espero. ¿Me la puedo quedar? *(Lo hace.)* Con lo que me gusta el vino, vaya si me gusta. Es mi punto fuerte.

DORNER.—No necesitas jurarme que es tu punto débil.

DÖBERL *(animado).*—Mira, querido colega, me muero por el vino. Es decir, cuando no corre por mi garganta.

DORNER *(le da, con cómica seriedad, una palmada en el hombro).*—Te entiendo, «colega». Pero, ahora, venga, ¿qué quieres de mí?

DÖBERL.—¿Yo, de ti? ¡Nada! Pero el viejo... O sea, el rector me ha pedido que te dé una carta. *(Se la da.)* Dijo que esperase para llevarle tu respuesta.

DORNER.—A ver qué ha escrito el viejo animal.

DÖBERL.—¡Por Dios, menos mal que no nos oye!

DORNER *(abre el sobre).*—Bueno, lo digo como lo pienso. No lo soporto.

DÖBERL *(confianzudo).*—Dicho entre nosotros, colega, yo tampoco. Solo lo hago por mi puesto de trabajo.

DORNER, *que ha leído la carta, la dobla con una sonrisa irónica.*

DÖBERL.—Bueno, ha llegado el momento de emocionarse

DORNER.—No hay motivo. *(Va a la puerta de la cocina.)* ¡Margreth!

MARGRETH *viene.*

DORNER.—¡Lee esta carta! *(Margreth lo hace.)* ¿Qué te parece?

MARGRETH.—Creo que era su deber y su obligación.

DORNER.—Puede ser. ¿Pero crees que debería aceptar la propuesta de que su hijo se retracte en la prensa de su injuria, a no ser que yo no quiera que el asunto se haga público?

MARGRETH.—Por supuesto que tiene que hacerlo.

DORNER.—¡Sí, probablemente debería! Pero yo no quiero. Ya ves, esa es la diferencia.

MARGRETH.—Pero, tío, de esa manera reconoces que...

DORNER.—No reconozco nada. Ahora mismo lo verás. ¡Döberl!

DÖBERL *(que, mientras tanto, ha visto la botella de vino).*—¡Santo Dios, qué susto! *(Pone rápidamente la botella en la mesa.)*

DORNER.—Tienes que llevar la respuesta, ¿verdad? ¡Por escrito! Bueno, también puedes dársela de palabra, salvo que estés mareado.

DÖBERL.—¿Qué has dicho? ¿Quién dice que esté mareado?

DORNER.—Llévale mi respuesta al rector y dile exactamente esto: Hay personas que no pueden ofender aunque quieran. ¿Entendido?

DÖBERL.—¡Perfectamente! Hay personas que no pueden ofender aunque quieran. *(Entrecerrando los ojos.)* ¿Esto va por él?

DORNER.—De manera indirecta.

DÖBERL.—¡Entonces, choca esos cinco! Has salvado mi honor. ¿Verdad que no puede ofender? Se lo diré. Confía en mí: no olvidaré ni una palabra. Entonces tampoco me ha ofendido a mí cuando hace poco me soltó en el Jardín de Estrellas, o sea, cuando estaba con unos conocidos, que no era correcto que un trabajador de un centro de educación humanista se pasara todo el día sentado en la taberna. ¡Santo Dios, como si alguna vez me hubiesen visto en una taberna! ¡Qué mezquindad! Pero, como ya hemos dicho, colega, tienes razón, ¡no puede ofender! ¡Por todos los demonios que no puede! Se lo diré. *(Va tambaleándose hacia la puerta y sale.)*

ESCENA TERCERA

Como la anterior, pero sin Döberl.

DORNER.—Bueno, Gretherl, ¿qué dices? ¿Esa una buena respuesta o no? *(Satisfecho.)* Puede hacer que la pongan en un marco dorado.

MARGRETH *(seria)*.—Y, sin embargo, habría sido mejor que no lo hubieses hecho.

DORNER.—¿Y eso? ¿Por qué no?

MARGRETH.—Te lo hará pagar.

DORNER.—¿Cómo?

MARGRETH.—No lo sé… Pero tengo la sensación de que se le está haciendo un agravio a ese hombre.

DORNER *(riéndose)*.—¿Un agravio? ¿A él? No, hija, y escúchame. ¿A quién se le ha insultado? ¿A mí o a él? ¿De verdad crees que me exigirá una satisfacción con el consiguiente riesgo de que dé a conocer públicamente la vil conducta de su hijo? Puedes estar tranquila, que eso no sucederá. El golpe está bien dado. De ahora en adelante me dejará en paz. Te lo digo con la misma seguridad que dos más dos son cuatro. ¡Y punto!

MARGRETH.—Sí… *(Obligándose a sonreír.)* ¿Sabes, tío? Tiene gracia que en este tipo de cosas siempre piense en mí…

DORNER *(la mira sin comprender)*.—No sabía que esto tuviese que ver contigo.

MARGRETH.—Tienes razón. Al fin y al cabo, todo esto solo tiene que ver contigo.

DORNER.—¡Por supuesto! Y ya has visto que todo este desagradable asunto ha terminado para siempre. Así que ahora solo vamos a pensar en él; llegará en cualquier momento. ¿Tienes todo listo?

MARGRETH.—Todo.

DORNER.—¿No falta nada?

MARGRETH.—¡Nada! *(De repente.)* ¡La bolsa para guardar el tabaco!

DORNER.—¡Date prisa!

MARGRETH *(viene con la bolsa).*—¿Dónde la cuelgo?

DORNER.—¡Allí, en la ventana!

MARGRETH *(lo hace; mira por la ventana; gritando).*—¡Tío, ya viene! ¡Ya viene Philipp! *(Temblando, abraza a Dorner.)* ¡Ya viene Philipp!

DORNER.—¡Sé fuerte, hija! ¡Valor! ¡Ahora llega la felicidad!

MARGRETH *(estremeciéndose).*—Tengo miedo. *(La puerta principal se cierra de golpe.)*

DORNER.—¡Pero alégrate, Margreth! ¿Me oyes? ¡Alégrate! Philipp está aquí y, con él, la felicidad. ¡La felicidad, Margreth, la felicidad! *(Mira con indecible tensión hacia la puerta.)*

ESCENA CUARTA

La puerta se abre lentamente. Entra Philipp, pálido y descompuesto, y se deja caer en la silla que está al lado de la entrada.

DORNER *(va hacia él).*—¡Lipperl, mi querido Lipperl, enhora...! *(Levanta la vista, retrocede como ausente.)*

PHILIPP *(respirando con dificultad, apenas audible).*—Yo… he… suspendido… *(No puede seguir hablando y oculta el rostro entre las manos.)*

DORNER *(temblando).*—¡Vamos, Lipperl, no nos gastes estas bromas!

Una larga, larga pausa. Margreth, mareada y con los ojos cerrados, se apoya en la puerta de la cocina. Dorner intenta acercarse a Philipp, como si no pudiese entender qué está pasando; observa durante un momento la figura descompuesta de su sobrino; a continuación, se tambalea hacia el fondo y apoya pesadamente la cabeza en el borde del escritorio.

DORNER *(cierra los ojos durante un instante; con voz mortecina).*—Esto es muy doloroso… *(Su mirada se posa en el cartel. Temeroso, se gira para mirar a Philipp. A continuación, con mucho cuidado, coge la silla, se sube a ella, sin hacer ruido quita el cartel y lo lleva a la habitación. Cuando regresa, le tiemblan las rodillas. Profundamente conmovido, se deja caer en la silla.)* No sé qué va a ser de nosotros. *(Angustiado, apoya la cabeza en una mano y mira al vacío.)* ¡Ahora no pierdas la cabeza!… Qué hacer ahora, qué hacer… *(De repente, le asalta una idea.)* ¡Sí, eso! *(Se levanta, se acerca a Philipp y le pone una mano en el hombro.)* ¡No te lo tomes tan a pecho, Philipp! Es simplemente la mala suerte que todos tenemos que experimentar en esta vida. Mira, no te voy a preguntar cómo ha pasado. *(Con suavidad.)* Pero solo dime una cosa, Philipp: ¿fue culpa tuya o alguien te ha…?

PHILIPP *(se levanta, lanza una llameante mirada a Margreth y vuelve a hundirse contra el borde del aparador).*—¡Culpa mía, mía!

DORNER.—Entonces, disculpa, necesito salir un momento a tomar el aire. No me encuentro bien. *(Coge en silencio el sombrero y el bastón y sale.)*

ESCENA QUINTA

En cuanto Dorner se ha ido, Margreth sale de su estupor. Se recompone rápidamente y corre a su cuarto. A continuación sale con un pañuelo de encaje negro envuelto alrededor de la cabeza y va hacia la puerta. Philipp se interpone en su camino.

PHILIPP *(con tranquilidad)*.—¿A dónde vas?
MARGRETH.—¡Quiero salir de aquí, solo eso!
PHILIPP.—¿Y… volverás pronto?
MARGRETH *(se da la vuelta; con esfuerzo)*.—No volveré.
PHILIPP *(lentamente, con tristeza)*.—¿No volverás?
MARGRETH *(luchando desesperadamente)*.—No, Philipp.
PHILIPP *(doliente)*.—¡Eso es muy doloroso, Margreth! Ahora que la desgracia ha caído sobre nosotros, me abandonas.
MARGRETH.—No por ese motivo, Philipp.
PHILIPP.—¿No?… Entonces, ¿por qué?
MARGRETH *(despacio, con voz apagada)*.—Porque no puedo seguir siendo tuya.
PHILIPP *(con lengua estropajosa)*.—Porque no puedes… No te entiendo…
MARGRETH *(estallando)*.—¡No me tortures!… Sabes que tengo que hacerlo.

PHILIPP *(gritando)*.—Entonces, ¿es verdad, es verdad? ¡Margreth!

MARGRETH.—¡Déjame, Philipp, deja que me vaya! *(Va hacia la puerta.)*

PHILIPP *(le cierra enérgicamente el camino)*.—¿Sabes por qué he suspendido?

MARGRETH *(implorante)*.—¡Philipp!

PHILIPP.—¿Sabes por qué ha caído sobre mí esta desgracia? ¿Sabes que tú eres la culpable?

MARGRETH.—¡Deja que expíe mi culpa! ¡Deja que me vaya!

PHILIPP.—Margreth, ¡estoy deshonrado, deshonrado! ¡Justifícate! *(Se pone, amenazante, ante ella.)*

MARGRETH *(tartamudeando)*.—¡Dios misericordioso! Yo... no puedo...

PHILIPP *(temblando)*.—¿No puedes justificarte? *(Se da la vuelta. Tras una pausa, con voz apagada.)* Sí, entonces es mejor que te vayas.

Pausa.

MARGRETH *no se mueve del sitio.*

PHILIPP.—¿No me has oído? No tienes que decir nada en tu descargo.

MARGRETH *(suplicante y rompiendo a llorar, se desploma ante él)*.—¡Philipp!

PHILIPP *(sin mirarla)*.—Si todavía tienes algo que decirme...

MARGRETH *(busca sus manos; tartamudeando)*.—¡Perdóname, Philipp!

PHILIPP.—No puedo. No sabes cuánto te amaba...

MARGRETH *(en voz baja)*.—No tanto como yo te amaba a ti, como aún te amo...

PHILIPP *(riendo con amargura)*.—¡Con tu amor, con tu santo amor, verdad?

MARGRETH.—Nadie te ha amado jamás con más pasión.

PHILIPP.—¿Con esa mancha en tu honra? ¡¿Después de que ese bribón te haya marcado como una prostituta?!

MARGRETH *(mortalmente herida)*.—¡Ah! *(En voz baja.)* Tú… no me has querido nunca.

PHILIPP *(estallando)*.—Y ayer lo abofeteé, lo abofeteé después de que se atrevió a violar tu honor. ¡Me oyes! ¡Lo abofeteé! *(Fuera de sí.)* Cuando lo que tendría que haber hecho es besar sus manos y postrarme ante sus pies para agradecerle que me haya advertido a tiempo de tu bajeza. *(Como Margreth no responde, continúa más tranquilo.)* Y a continuación tuve que ir al examen lleno de dudas y sospechas. ¿Y en esas condiciones podría haber aprobado el examen? Pero tengo en casa un anciano tío al que estoy privando de su único sostén. ¡Da igual! Tengo un honor que perder que nadie puede restituir. ¡Da igual! Pero tengo una novia, ah… una novia… ¡da completamente igual! ¡Mirad qué mala es, qué mala es! *(Agotado, se deja caer en una silla y tose convulsivamente.)*

MARGRETH *(se pone de pie y se ciñe el pañuelo)*.—¡Yo no soy mala, Philipp! ¡Adiós!

PHILIPP *(levanta la mirada)*.—¿No eres mala?… Vuelve a decir que no eres mala…

MARGRETH *(con dignidad, pero humildemente)*.—Me he levantado y he labrado mi camino.

PHILIPP.—Después de haber entregado tu honra a ese Wartenberg.

MARGRETH *(con sencillez)*.—Porque lo amaba.

Philippe *(con amargura)*.—Porque lo… amabas…

Margreth.—Había prometido casarse conmigo.

Philipp.—Lógico. Así actúan todos los de su clase. Pero eso no cambia nada. ¿No tienes nada más que decirme?

Margreth *calla*.

Philipp.—¿Es esa toda la verdad? ¡Piensa!

Margreth *calla*.

Philipp.—¿Nada más?

Margreth *(sollozando)*.—Si pudieras perdonarme…

Philipp *(se pone de pie; con un ligero reproche)*.—¡Margreth!… ¿Y tu hijo?

Margreth *(estremecida, se desploma sobre la mesa)*.—¡Ah, mi hijo! ¡Mi amor, mi sol, mi todo! Está muerto… ¡muerto! *(Se recompone; con voz desesperada.)* ¡Quiero ir con mi niño! *(Corre hacia la puerta.)*

Philipp *(en tono de reproche)*.—Esa es, sin duda, la solución más sencilla. Y también la más rápida. Te seguiré pronto. Así nos volveremos a ver.

Margreth *(se da la vuelta)*.—¿Tú… me… seguirás?

Philipp *(con frialdad)*.—¡No tengas miedo! Todo sigue su curso natural.

Margreth *(insegura)*.—¿Y cuando volvamos a vernos no tendrás para mí ninguna palabra de clemencia? ¿No habrá perdón ni reconciliación?

Philipp *(impasible)*.—No.

Margreth *(se acerca a él y le da un apasionado beso en la mano)*.—Entonces te doy las gracias por todo y ¡olvídame, Philipp! *(Junto a la puerta, vuelve a darse la vuelta, lo mira con una inmensa tristeza y sale corriendo.)*

PHILIPP *no se mueve. Una pausa. Se cierra la puerta principal. Se levanta de golpe, atravesado de dolor. Da unos pasos hacia el frente, apoya la cabeza en la mesa y, sollozando convulsivamente, oculta el rostro entre las manos.*

ESCENA SEXTA

La puerta se abre silenciosamente. Dorner aparece en el umbral; lleva del brazo a Margreth, medio inconsciente. Se detiene durante un momento y mira a Philipp. A continuación entra en silencio y espera al fondo con Margreth.

DORNER *(no sabe cómo empezar; titubeante).*—¡Philipp!
PHILIPP *no responde.*
DORNER *(se acerca; con voz suave).*—¡Philipp!
PHILIPP *(sin levantar la mirada).*—¡Tío!
DORNER *(cohibido, interrumpiéndose).*—¡Margreth está aquí, Philipp!... Quería irse... ¡Philipp!
PHILLIP *calla.*
DORNER.—¿Me oyes?... Quería irse... para no volver... La he traído... ¿A que he hecho bien, Philipp?... ¡Piénsalo! ¡Estar sin nuestra Margreth!... *(Suplicando.)* ¡Phillip!
PHILIPP *hace un gesto de rechazo.*
DORNER *(titubeante).*—Dice que le has hecho daño... Y, mira, no me lo puedo creer... ¿Mi Lipperl hacerle daño a su tesoro?... Te conozco demasiado bien... No, no, eso no pudo haberlo hecho Philipp... Eso, no. *(Se ha puesto muy cerca de*

él; insistiendo.) Philipp... ¡Dime que no lo has hecho! *(Suplicando.)* ¡Philipp!

PHILIPP *(se pone en pie con decisión).*—¡Tío! ¿Qué harías tú si alguien arrastrase por el barro lo que más quieres en el mundo?

DORNER *(mueve la cabeza; lentamente).*—¿Lo que más quiero?... Quizá no sabes qué es lo que más quiero en este mundo...

PHILIPP *(atormentado).*—¡No me tortures!... ¡Y respóndeme, tío, respóndeme!

DORNER *(desconcertado).*—¿Qué haría si alguien...? No lo sé... ¿Lo que más quiero?... ¿Qué haría? *(Después de pensar durante un instante.)* Probablemente, intentar sacarlo del barro. Por supuesto, no hay duda.

PHILIPP.—¿Y si entonces tú también te ensucias?

DORNER *no sabe qué decir.*

PHILIPP.—Ya veo que no sabes qué responderme. Pues bien, tío: Margreth era lo que más quería en este mundo.

DORNER *(comprende y se pone a temblar con la boca abierta).*—¿Qué estás diciendo?

PHILIPP.—¡Juzga tú mismo quién de los dos ha hecho más daño al otro!

Pausa.

DORNER *(va lentamente al fondo y regresa con Margreth de la mano. Su rostro ha empalidecido y refleja con claridad su turbación interior. Habla a Margreth con tranquilidad y sencillez).*—¿Has oído de qué se te acusa?

MARGRETH *calla.*

DORNER.—¿Callas?... *(Con voz suave.)* ¿Alguna vez amaste a Philipp?

PHILIPP *(con amargura)*.—¿Que si alguna vez me amó?... Ah, tío, debería darle las gracias de que me haya amado. ¡Pero yo la maldigo por haberme amado! Porque antes de amarme a mí, fue la... fulana de otro.

DORNER *(muy alterado)*.—¿De quién?

PHILIPP *(desesperado, se deja caer en una silla)*.—De Felix Wartenberg.

Pausa.

DORNER.—Ahora... lo entiendo... todo. *(Lucha por encontrar las palabras; se aparta y, vacilante, va hacia Margreth y susurra con voz llorosa.)* ¿Sabes que hoy me has quitado lo que más quería en este mundo? ¡La felicidad, el honor de mi Philipp! (Vuelve a alejarse de ella.)*

PHILIPP.—¡Por eso tiene que irse de esta casa! ¡No quiero volver a verla!

MARGRETH *intenta irse.*

DORNER.—¿Antes de escucharla? No, Philipp.

PHILIPP.—¡No quiero oír nada, tío! *(Con profundo dolor.)* ¡No te imaginas cuánto la quería!

DORNER.—¿Quieres que se marche, ella, a quien durante tanto tiempo ha vivido en esta casa y ha compartido con nosotros alegrías y penas? ¿El sol de nuestro hogar? ¡No, Margreth, quédate! Todo eso no pudo ser falso. ¿Verdad que no puedes ser tan mala? ¡Habla, Margreth!

MARGRETH *(con gran sufrimiento; apenas audible)*.—¡Deja... que me... vaya!

DORNER.—¡No puedes haber caído tan bajo! ¡Dime solo una palabra! ¿Me oyes? ¡Solo una palabra!

MARGRETH *(suplicando)*.—¡Deja… que me… vaya!

DORNER *(insistiendo)*.—¿Pero entonces qué va a ser de nosotros? ¡De nosotros, Margreth! ¿Acaso no ves que tu culpa nos ha destruido? ¿Me oyes? A nosotros, que habíamos confiado en ti de manera ilimitada, que te habíamos querido sin medida…

MARGRETH *(con febril desesperación)*.—¡Deja… que me… vaya!

DORNER *(con creciente excitación)*.—Para que puedas irte con tu culpa y tu pecado y poder reírte de los pobres necios arruinados por tu maldad. *(Más tranquilo.)* No puedo creer que seas capaz de eso. *(Le coge las manos.)* Y como no creo eso, dime, Margreth, ¿cómo pudiste ocultarnos tu deshonra?

MARGRETH *(comienza a recuperar la calma)*.—¿Cómo se puede? ¿Me preguntas cómo se puede? Pero tenéis razón; no podéis, no queréis entender cómo puede alguien llegar a hacer eso. Yo os lo diré: he ahí a alguien joven, sin experiencia, que en este mundo no tiene nada más que pobreza, honra y corazón. Pero este palpita y late y grita en busca de amor. Y si no se sacia su sed, se muere. Y ahora os pregunto: ¿tenemos que renunciar a lo que a cualquier rico le hace feliz solo porque somos pobres, terriblemente pobres? También nosotros hemos nacido para vivir. ¿Y qué es la vida sin amor? ¡Pensadlo! ¡Tan joven como yo era! Me entregué, y Dios sabe lo caro que he pagado aquel pequeño rayo de sol en mi juventud. Al fin y al cabo, ¿qué podía hacer yo con vuestra moral masculina: con las chicas pobres se juega, pero uno no se casa con ellas?…

(Cambiando de repente.) Entonces me quedé sola con mi corazón vacío. ¡Sola con mi hijo! Que gritaba de hambre, y murió… *(Llora amargamente.)*

DORNER *(conmovido)*.—¡Cuánto tuviste que sufrir!

Margreth.—¿Que si sufrí?

DORNER *(le coge las manos; con voz suave)*.—Mira, Margreth, pero lo que no puedo entender es que no nos dijeras nada.

MARGRETH.—¿Qué dijiste no hace mucho? Hijos del pecado son los que tienen una mancha indeleble en su honor y ya no se tiene la fuerza moral para limpiarla.

DORNER.—Sí, eso dije.

MARGRETH.—Ahora te pregunto: ¿soy una hija del pecado? ¿Habría sido mejor hundirse en el cieno en lugar de levantarse? ¡No, claro que no! Ya ves: he salido, me he levantado y he trabajado sin parar con el fin de despojarme de la sucia ropa del pasado. Vine aquí. Entonces la suerte volvió a sonreírme. En mi triste soledad, me aferré a vosotros como un náufrago a una tabla de salvación. *(En voz muy baja, sin emoción.)* Y entonces… entonces empecé a amarlo, y lo amé tanto que solo por amor pequé por segunda vez.

DORNER *(impresionado, profundamente conmovido)*.—Por amor a él…

MARGRETH *(se recompone)*.—Ahora veo que tengo que pagar por ese pecado. Por eso quiero irme. *(En voz baja, temblando.)* Pero es tan difícil marcharse sin perdón. *(Implorando.)* ¡Tío!

DORNER *(le da un beso en la frente y la conduce hacia Philipp; con voz suave)*.—¡Perdónala, Philipp!

PHILIPP *hace un gesto de rechazo.*

DORNER.—Nadie te puede querer más.

PHILIPP *gime.*

Pausa.

DORNER.—¿De verdad no quieres decirle nada a Margreth?

PHILIPP *(lacónico).*—No.

DORNER *(lentamente).*—Entonces tienes que saber que si aún viviese tu madre, le habrías dado un disgusto mortal. Y si ahora sigues sin tener nada que decirle a Margreth, entonces, Philipp, entonces… ya no entiendo nada. *(Va a su habitación.)*

ESCENA SÉPTIMA

Philipp se pone de pie, quiere ir tras Dorner pero recapacita y se acerca a Margreth.

PHILIPP.—Dime, ¿crees que es verdad lo que ha dicho? ¿Crees que ahora estoy causándole una afrenta a mi madre? ¿Crees que ella habría comprado su felicidad a ese precio? ¿Al precio de la vida de un ser humano? Y tú has destruido dos vidas. Pero hablemos por una vez con sensatez: no pondré ningún obstáculo en tu camino hacia la felicidad. Wartenberg te ha pedido que te cases con él. Pues bien, ¡vete con él!

MARGRETH *(colérica).*—¿Con él? ¡Jamás!

PHILIPP *(con determinación).*—Muy bien, entonces iré yo.

MARGRETH *(implorando).*—¡Quédate, Philipp, no vayas!

PHILIPP.—Debo hacerlo. El duelo es con pistolas. Hoy, al mediodía, todo quedará decidido.

MARGRETH.—¿Pero vas a arriesgar tu vida por ese miserable?

PHILIPP *(con amargura).*—¿Mi vida? ¿Todavía crees que me importa? Será el último sacrificio que te dedico. Y te aseguro que no es el más difícil.

MARGRETH *(destrozada).*—¡Philipp!

PHILIPP *(impasible).*—Ayer lo rechacé. Hoy me da pena. Iré a su encuentro: «Señor Wartenberg, tenía usted razón. ¡Estoy preparado!».

MARGRETH.—¿Y qué va a ser entonces de nosotros?

PHILIPP.—Pensaba que tenías que expiar un pecado.

MARGRETH.—¿Cómo puedo hacerlo?

PHILIPP.—Solo hay un medio, Margreth: ¡sigue viviendo!

MARGRETH *gime y tiembla de dolor.*

Pausa.

PHILIPP.—¡Dile al tío que venga! Quiero despedirme. ¡No, espera! Iré yo mismo… *(Va hacia la puerta del cuarto de Dorner. Una vez ahí, se detiene a pensar. Consumido por una lucha interior, cae, destrozado, sobre una silla junto a la puerta.)* No puedo… ¿Qué fue lo que dijo hoy? Quizá no sabes qué es lo que más quiero en este mundo… ¿Qué será de él si pierde lo que más quiere? *(Desesperado.)* ¡Pero no puedo seguir quitándole el pan de la boca! ¿Quién va a cuidarlo? *(Su mirada se posa en Margreth, quien se ha vuelto hacia el fondo. Lucha consigo mismo. Finalmente, se pone de pie y, sin mirarla, se acerca a ella.)* ¡Margreth!

MARGRETH *no es capaz de mirarlo.*

PHILIPP *(con voz baja y temblorosa).*—¡Margreth!

MARGRETH *(casi inaudible).*—¿Es necesario?

PHILIPP *(del mismo modo).*—Sí…

MARGRETH.—Y cuando regreses… me habré ido, Philipp.

PHILIPP *(mirando al suelo).*—¡No regresaré! La felicidad no duraría mucho.

MARGRETH *lo mira en silencio.*

PHILIPP *(sonriendo tristemente).*—Ya lo ves, ahora aún es invierno, y después, la primavera. Entonces ya estaría acabado. Estoy irremediablemente perdido.

MARGRETH *(como antes).*—¿Estás... perdido?

PHILIPP *(asiente con la cabeza).*—Mis pulmones ya no aguantan más.

MARGRETH *(se recompone).*—Pero hace poco dijiste...

PHILIPPE.—¡Una mentira! Para que no te asustases. Pero hoy ya puedes saber la verdad. Wartenberg me disparará y yo no regresaré.

MARGRETH *es incapaz de hablar.*

PHILIPP *(suplicando encarecidamente).*—Pero él, el pobre hombre al que le robo lo que más quiere... No sé qué va a ser de él. *(Le coge la mano.)* ¡Quédate con él, Margreth!

MARGRETH *permanece inmóvil.*

PHILIPP.—Es lo último que te pido.

MARGRETH *(con voz apagada).*—Para oír, para oír constantemente que te conduje a la muerte...

PHILIPP *(sin tono de reproche).*—¡Margreth, piensa por qué me voy de aquí ahora!

Breve pausa.

MARGRETH *(sollozando, se derrumba a su lado).*—¡Perdóname, Philipp!

PHILIPP *(conmovido, le acaricia el pelo y se inclina sobre ella).*—Si te quedas con él.

MARGRETH *(en voz baja).*—Sí.

PHILIPP *(la levanta del suelo y le da un beso en la frente).*— Gracias. *(Se aparta y coge su sombrero.)* Y cuando pregunte a dónde he ido, no le digas nada y salúdalo de mi parte. *(Se vuelve hacia la puerta.)*
MARGRETH *(tambaleándose, va tras él).*—¡Philipp!
PHILIPP *(la abraza desesperadamente).*—¡Adiós, Margreth! *(Sale corriendo.)*

ESCENA OCTAVA

Fuera, la niebla se ha disipado. El solo brilla con fuerza en el patio.

MARGRETH *(como una sonámbula, vuelve al frente y llama a la puerta de la habitación).*—¡Tío!
DORNER *(sale).*—Dime.
MARGRETH.—Me quedo contigo.
DORNER *(alegre).*—¡Ah, lo ves? Lo sabía. Conozco demasiado bien a mi Lipperl. ¿Y dónde está el bribonzuelo?
MARGRETH *(mira fijamente al frente).*—Ha salido.
DORNER *(sin sospechar nada).*—Mejor. Tengo algo que decirte, Gretherl. Hace poco estuve con Walser para saber cómo iba el asunto de mi libro. Y esta magnífica persona lo ha aceptado, y como si eso fuese poca suerte, mañana mismo ocuparé el puesto vacante de copista en su negocio. ¿Qué te parce? Ahora Philipp puede terminar sus estudios y, quién sabe, quizá todo vuelva a arreglarse. *(La lleva a la ventana.)* ¡Mira cómo brilla y calienta el sol! ¡Gretherl, creo que ahora

viene la auténtica felicidad, la... felicidad! *(Se sienta junto a la ventana y, profundamente conmovido, mira hacia afuera. Un rayo de sol cae sobre su rostro, que sonríe lleno de felicidad interior.)*

Este libro se publicó
el mes de septiembre
del año 2025

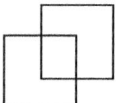